AF371121

1885

LIBRAIRIE
HACHETTE ET CIE

PARIS, BOULEVARD SAINT-GERMAIN, 79

LIVRES ILLUSTRÉS

POUR

LES DISTRIBUTIONS DE PRIX

DANS LES ÉCOLES ET LES PENSIONNATS

COLLECTIONS CONTENUES DANS CE CATALOGUE

BIBLIOTHÈQUE DES ÉCOLES ET DES FAMILLES

LITTÉRATURE POPULAIRE

PETITE BIBLIOTHÈQUE ILLUSTRÉE

COLLECTION DE RÉCITS INSTRUCTIFS

BIBLIOTHÈQUE DES PETITS ENFANTS

BIBLIOTHÈQUE ROSE

BIBLIOTHÈQUE DES MERVEILLES

NOUVELLE COLLECTION POUR LA JEUNESSE

CE CATALOGUE ANNULE LES PRÉCÉDENTS

BONS POINTS INSTRUCTIFS

D'HISTOIRE DE FRANCE, DE GÉOGRAPHIE, D'HISTOIRE NATURELLE, ETC.

I

BONS POINTS HISTORIQUES

(11 cent. sur 7 1/2)

Ces bons points sont imprimés en chromolithographie et représentent les personnages les plus célèbres de l'Histoire de France. Une notice historique se trouve au dos de chaque image. La collection, composée de 100 sujets, sera mise en vente au mois de mai 1885.

Un spécimen est joint au présent catalogue.

PRIX DE LA COLLECTION RENFERMÉE DANS UNE BOITE. . . 3 FR. 75

II

BONS POINTS GÉOGRAPHIQUES

(11 cent. sur 8 1/2)

Ces bons points sont imprimés en chromolithographie et contiennent au dos une notice géographique. La collection, composée de 103 sujets, comprend les départements français et les colonies; ils se vendent : 1º par collection de 103 sujets; 2º par série de 100 cartes d'un même sujet.

PRIX DE LA COLLECTION OU DE LA SÉRIE RENFERMÉE DANS UNE BOITE. 3 FR. 75

III

BONS POINTS D'HISTOIRE NATURELLE

DE TRAVAUX AGRICOLES ET INDUSTRIELS, DE GÉOGRAPHIE

POUVANT ÊTRE DONNÉS COMME ACCESSITS

(13 cent. sur 8)

Ces bons points sont imprimés en couleur et gravés avec le plus grand soin. Un texte explicatif, approprié à l'âge et à l'intelligence des enfants, se trouve au dos de chaque sujet; ils se vendent par séries de 12 sujets.

En vente : Botanique, 16 séries; — Zoologie (insectes), 7 séries; — Travaux agricoles et industriels, 3 séries ; — Géographie, 1 série. — D'autres séries sont en préparation.

PRIX DE CHAQUE SÉRIE RENFERMÉE DANS UNE ENVELOPPE. 1 FR. 20

I

BIBLIOTHÈQUE

DES ÉCOLES ET DES FAMILLES

ILLUSTRÉE PAR NOS MEILLEURS ARTISTES

ET SPÉCIALEMENT DESTINÉE AUX DISTRIBUTIONS DE PRIX

La *Bibliothèque des écoles et des familles* compte aujourd'hui plus de 200 volumes dus à des écrivains de talent et illustrés de belles et nombreuses gravures. Ces volumes, écrits en dehors de toute influence de parti et imprimés avec soin sur beau papier, sont généralement adoptés en France, en Belgique et en Suisse pour les distributions de prix. Par la variété des sujets, la diversité des prix et le bon marché, la collection peut satisfaire à tous les besoins et répondre à toutes les exigences.

PREMIÈRE SÉRIE, FORMAT GRAND IN-8

24 VOLUMES SONT EN VENTE

PRIX :

Cartonné en percaline gaufrée, tranches jaspées. . . . . 3 fr. 80
Cartonné en percaline gaufrée, tranches dorées   . . . . 4 fr. 20
Genre demi-reliure, tranches dorées. . . . . 5 fr. »

HISTOIRE ET VOYAGES

Dufferin (Lord): *Lettres écrites des régions polaires.* 1 vol. avec 48 gravures.

Gaffarel (P.), doyen de la Faculté des lettres de Dijon : *Les campagnes de la première République.* 1 vol. avec 67 gravures.

Gourdault (J.), lauréat de l'Académie française : *La Suisse pittoresque.* 1 vol. avec 126 gravures.

—— *L'Italie pittoresque.* 1 vol. avec 89 grav.

BEAUX-ARTS

Colomb (C.), professeur au lycée de Versailles : *Habitations et édifices de tous les temps et de tous les pays.* 1 vol. avec 202 gravures.

Gourdault (J.) : *Rome et la Campagne romaine.* 1 vol. avec 135 gravures.

Saint-Paul (A.) : *Histoire monumentale de la France.* 1 vol. avec 167 gravures.

LITTÉRATURE

Boileau : *Œuvres choisies:* édition publiée sous la direction de Henri Regnier. 1 vol. avec 18 gravures.

Cervantès : *Don Quichotte de la Manche.* 1 vol. avec 163 gravures d'après les dessins de Gustave Doré.

Corneille : *Œuvres choisies.* collationnées sur l'édition des Grands écrivains de la France, par Henri Regnier. 1 vol. avec 15 gravures.

Fénelon : *Œuvres choisies.* mises en ordre par Henri Regnier. 1 vol. avec 16 gravures.

Homère : *L'Iliade et l'Odyssée :* édition abrégée par H. Regnier. 1 vol. avec 54 gravures.

Virgile : *Œuvres choisies:* édition abrégée par C. Colomb. 1 vol. avec 98 gravures.

SCIENCES APPLIQUÉES

Albert-Lévy : *Le pays des étoiles.* 1 vol. avec 118 gravures.

Petit (Maxime) : *La mer et la marine.* 1 vol. avec 60 gravures.

Wyss (J.) : *Le Robinson suisse.* 1 vol. avec 76 gravures.

CONTES ET NOUVELLES

About (E.) : *Le Roi des montagnes.* 1 vol. avec 57 gravures d'après Gustave Doré.
—— *Récits et voyages.* 1 vol. avec 18 gravures.

Blandy (S.) : *Mon ami et moi.* 1 vol. avec 80 gravures.

Dickens (C.) : *David Copperfield.* 1 vol. avec 28 gravures.
—— *Aventures de M. Pickwick.* 1 vol. avec 26 gravures.

Girardin (J.), professeur au lycée de Versailles, lauréat de l'Académie française : *Le locataire des demoiselles Rocher.* 1 vol. avec 18 gravures.
—— *Les épreuves d'Étienne.* 1 volume avec 12 gravures.

Marmier (X.), de l'Académie française : *Le succès par la persévérance.* 1 vol. avec 13 gravures.

DEUXIÈME SÉRIE, FORMAT IN-8

61 VOLUMES SONT EN VENTE

PRIX :

Cartonné en papier gaufré, imitation de toile. . . . . . 1 fr. 75
Cartonné en percaline gaufrée, tranches jaspées. . . . . 2 fr. »
Cartonné en percaline gaufrée, tranches dorées. . . . . 2 fr. 25

HISTOIRE ET BIOGRAPHIES

Clément (F.) : *Les grands musiciens.* 1 vol. avec 16 portraits.

Lehugeur (P.), professeur au lycée Charlemagne : *Histoire de l'armée française.* 1 vol. avec 46 gravures.

Moireau (A.), ancien élève de l'École normale supérieure : *Histoire de la marine française sous Louis XVI.* 1 vol. avec 15 grav.

Muller (E.) : *Les apôtres de l'agriculture.* 1 vol. avec 33 gravures ou portraits.

VOYAGES

Baker (S. W.) : *Exploration du Haut-Nil.* 1 vol. avec 21 gravures.
—— *L'Afrique équatoriale.* 1 vol. avec 24 gravures.

Baldwin (W. C.) : *Récits de chasse dans l'Afrique centrale.* 1 vol. avec 35 gravures.

Dixon (Hepwort) : *Les États-Unis d'Amérique.* 1 vol. avec 30 gravures.

Hall (C.) : *Deux ans chez les Esquimaux.* 1 vol. avec 58 gravures.

Hayes : *L'océan arctique,* voyage d'exploration au pôle Nord. 1 vol. avec 22 gravures.

Irving (W.) : *Vie et voyages de Christophe Colomb.* 1 vol. avec 8 grandes gravures.
—— *Voyages et découvertes des compagnons de Christophe Colomb.* 1 vol. avec 7 grandes gravures et des cartes.

Livingstone : *Voyages d'exploration au Zambèze et dans l'Afrique centrale (1848-1873).* 1 vol. avec 75 gravures.

Payer (J.) : *La Terre de François-Joseph et la mer de la Nouvelle-Zemble.* 1 vol. avec 75 gravures.

Rousselet (L.) : *Les royaumes de l'Inde.* 1 vol. avec 37 gravures.

Talbert (E.), ancien proviseur honoraire : *Les Alpes.* 1 vol. avec 60 gravures.

Thompson (J) : *L'Indo-Chine et la Chine,* récits de voyages. 1 vol. avec 42 gravures.
—— *L'Amérique septentrionale et les Peaux-Rouges.* 1 vol. avec 43 gravures.

Vambéry (Arminius) : *Voyages d'un faux derviche dans l'Asie centrale.* 1 vol. avec 26 grandes gravures.

Vast (H.), professeur au lycée Condorcet : *Le tour du monde il y a quatre siècles (Vasco de Gama et Magellan).* 1 vol. avec 12 grandes gravures.

Vattemare : *A travers l'Australie.* 1 vol. avec 49 gravures.

Gravure extraite de *l'Italie pittoresque* par J. Gourdault (1re série).

Vidal-Lablache (P.), maître de conférences à l'École normale supérieure : *Marco Polo, son temps et ses voyages.* 1 vol. avec 24 gravures.

Villetard (E.) : *Le Japon.* 1 vol. avec 40 gravures.

Wallace (A.) : *La Malaisie*, récits de voyages. 1 vol. avec 55 gravures.

Whymper (Fr.) : *Voyages et aventures dans la Colombie anglaise.* 1 vol. avec 36 gravures.

SCIENCE VULGARISÉE

Albert-Lévy : *Nos vraies conquêtes.* 1 vol. avec 88 gravures.

—— *Curiosités scientifiques.* 1 vol. avec 63 gravures.

Delon (Ch.) : *Promenades dans les nuages.* 1 vol. avec 63 gravures.

Demoulin (Mme G.) : *Les cinq sens.* 1 vol. avec 79 gravures.

—— *La pluie et le beau temps.* 1 vol. avec 49 gravures.

—— *Les jouets d'enfants.* 1 vol. avec 127 gravures.

—— *Une école où l'on s'amuse.* 1 vol. avec 58 gravures et 3 cartes astronomiques.

Figuier (L.) : *Scènes et tableaux de la nature.* 1 vol. avec 25 gravures.

Hément (F.), inspecteur général des bibliothèques populaires : *Les infiniment petits.* 1 vol. avec 140 gravures.

Jamin, de l'Institut : *Quelques phénomènes atmosphériques.* 1 vol. avec 39 gravures.

Lefebvre, professeur au lycée de Versailles : *Les aliments.* 1 vol. avec 109 gravures.

Lesbazeilles, professeur au lycée de Versailles : *Tableaux et scènes de la vie des animaux.* 1 vol. avec 19 gravures.

Meunier (St.) : *La planète que nous habitons.* 1 vol. avec 70 gravures.

Meunier (Mme St.) : *Le monde animal.* 1 vol. avec 52 gravures.

—— *Le monde végétal.* 1 vol avec 72 gravures.

—— *Le monde minéral.* 1 vol. avec 38 gravures.

Poiré, professeur au lycée Condorcet : *Six semaines de vacances.* 1 vol. avec 54 gravures.

Tissandier : *Causeries sur la science.* 1 vol. avec 94 gravures.

LITTÉRATURE FRANÇAISE

La Fontaine : *Choix de fables.* 1 vol. avec 175 gravures.

Sévigné (Mme de) : *Choix de lettres*, extrait de l'édition des Grands écrivains de la France. 1 vol. avec 8 grandes gravures.

CONTES ET NOUVELLES

Colomb (Mme J.), lauréat de l'Académie française : *Histoires et proverbes.* 1 vol. avec 29 gravures.

—— *Simples récits.* 1 vol. avec 24 gravures.

Erwin (Mme E. d') : *Jeunes et vieux.* 1 vol. avec 5 grandes gravures.

—— *Histoire d'un tableau.* 1 vol. avec 32 gravures.

Girardin (J.), professeur au lycée de Versailles : *Bonnes bêtes et bonnes gens.* 1 vol. avec 52 gravures.

—— *Petits contes alsaciens.* 1 vol. avec 17 grandes gravures.

—— *Les gens de bonne volonté.* 1 vol. avec 22 gravures.

—— *Récits de la vie réelle.* 1 vol. avec 11 grandes gravures.

—— *La nièce du capitaine.* 1 vol. avec 9 grandes gravures.

Houdetot (Mme de) : *Théâtre de jeunes filles.* 1 vol. avec 9 grandes gravures.

Mussat (Mme L.) : *Autrefois et aujourd'hui.* 1 vol. avec 14 gravures.

Theuriet (A.) : *Les enchantements de la forêt.* 1 vol. avec 32 gravures.

Vèze (J. de) : *La fille du braconnier.* 1 vol. avec 5 grandes gravures.

OUVRAGES DIVERS

Cerfberr de Médelsheim : *Histoire d'un village.* 1 vol. avec 10 gravures.

Delon (Ch.) : *Histoire d'un livre*, origine et fabrication. 1 vol. avec 50 gravures.

Giron (A.) : *Histoire d'une ferme.* 1 vol. avec 35 gravures.

Gravure extraite des *Petits contes alsaciens* par J. Girardin (2ᵉ série).

TROISIÈME SÉRIE, FORMAT PETIT IN-8

CRÉATION NOUVELLE

HUIT VOLUMES SONT EN VENTE

Chaque volume cartonné en papier gaufré, imitation de toile. . **1 fr.**

Gravure extraite de l'*Histoire d'un annexé* par J. Guyon (3ᵉ série)

Bertalisse : *Mes souvenirs.* 1 vol. avec 11 gravures.

Colomb (Mme J.), lauréat de l'Académie française : *Une nichée de pinsons.* 1 vol. avec 13 gravures.

Demoulin (Mme G.) : *Un paquet de chiffons.* 1 vol. avec 18 gravures.

Guyon (J.), inspecteur d'Académie : *Histoire d'un annexé.* 1 vol. avec 9 gravures.

Lefebvre (E.), professeur au lycée de Versailles : *Histoire d'une assiette.* 1 vol. avec 33 gravures.

Petit (Maxime) : *Les amis de l'humanité.* 1 vol. avec 13 gravures.

Schiffer (Ch.) : *Contes du temps passé.* 1 vol. avec 37 gravures.

Tissandier (G.) : *Voyages dans les airs.* 1 vol. avec 32 gravures.

QUATRIÈME SÉRIE, FORMAT IN-16

43 VOLUMES SONT EN VENTE

PRIX :

Cartonné en papier gaufré, imitation de toile. . . . . . . 1 fr. 25
Cartonné en percaline gaufrée, tranches jaspées. . . . . . 1 fr. 50
Cartonné en percaline gaufrée, tranches dorées . . . . . 1 fr. 75

HISTOIRE ET BIOGRAPHIES

Armagnac (L..) : *Quinze jours de campagne, étapes d'un franc-tireur parisien de Paris à Sedan.* 1 vol. avec 18 gravures.

Aubigné (D') : *Histoire de Bayard.* 1 vol. avec 21 gravures.

—— *Vie de Kléber.* 1 vol. avec 24 gravures.

Bonnechose (Ch. de) : *Montcalm et le Canada français.* 1 vol. avec 23 gravures.
Ouvrage couronné par l'Académie française.

Colomb (C.), professeur au lycée de Versailles : *Histoires tirées d'Hérodote* (1re série). 1 vol. avec 27 gravures.

—— *Histoires tirées d'Hérodote* (2e série). 1 vol. avec 63 gravures.

—— *Histoires tirées d'Hérodote* (3e série). 1 vol. avec 25 gravures.

Corréard (F.), professeur au lycée Condorcet : *Vercingétorix.* 1 vol. avec 38 gravures.

Debidour (A.), professeur à la Faculté des lettres de Nancy : *Histoire de Du Guesclin.* 1 vol. avec 16 gravures.

Deschanel (E.), professeur au Collège de France : *Benjamin Franklin.* 1 vol. avec 15 gravures.

Desprez, inspecteur d'Académie : *Le maréchal Ney.* 1 vol. avec 10 gravures.

—— *Les guerres de la Vendée.* 1 vol. avec 5 portraits.

Duruy (Albert), lauréat de l'Académie française : *Hoche et Marceau.* 1 vol. avec 19 gravures.

Duruy (George), professeur au lycée Henri IV, lauréat de l'Académie française : *Histoire de Turenne.* 1 vol. avec 15 gravures.

—— *Biographies d'hommes célèbres des temps anciens et modernes.* 1 vol. avec 56 grav.

Lavisse (E.), professeur suppléant à la Faculté des lettres de Paris : *Sully.* 1 vol. avec 10 grav.

Luchaire (A.), professeur à la Faculté des lettres de Bordeaux : *Philippe-Auguste.* 1 vol. avec 9 gravures.

Ménault (E.), inspecteur de l'agriculture : *Suger.* 1 vol. avec 21 gravures.

Moulin (M.), sous-officier d'infanterie : *En campagne*, armée de la Loire, armée de l'Est. 1 vol. avec 15 gravures.

Muller (E.) : *Ambroise Paré.* 1 vol. avec 30 gravures.

Passy (F.), de l'Institut : *Le Petit Poucet du XIXe siècle* : George Stephenson. 1 v. avec 27 grav.

Prescott (H.) : *Conquête du Mexique.* 1 vol. avec 16 gravures.

Zeller (B.), professeur à la Faculté des lettres de Paris : *Richelieu.* 1 vol. avec 12 gravures.

—— *Henri IV.* 1 vol. avec 12 gravures.

Zeller (J.), de l'Institut : *François Ier.* 1 vol. avec 15 gravures.

—— *Louis XI.* 1 vol. avec 21 gravures.

SCIENCE A LA PORTÉE DES ENFANTS

Albert-Lévy : *Les nouveautés de la science.* 1 vol. avec 60 gravures.

—— *La légende des mois.* 1 vol. avec 54 gravures.

Daniel-Lévy : *Le docteur Pétrus*, notions d'hygiène. 1 vol. avec 45 gravures.

INSTRUCTION CIVIQUE ET PATRIOTIQUE

Duruy (G.) : *Pour la France* : patriotisme, esprit militaire. 1 vol. avec 12 gravures.

Simon (Jules), de l'Académie française : *Le livre du petit citoyen.* 1 vol. avec 29 gravures.

CONTES ET NOUVELLES

Colomb (C.) : *Ici et là.* 1 vol. avec 21 gravures.

Colomb (Mme J.) : *L'ours de neige.* 1 vol. avec 19 gravures.

Colomb (Mme J.) : *Pieter Vandael.* 1 vol. avec 12 gravures.

—— *Petites nouvelles.* 1 vol. avec 10 gravures.

—— *Contes vrais.* 1 vol. avec 9 gravures.

—— *Contes pour les enfants.* 1 vol. avec 12 grav.

Gravure extraite des *Contes pour les enfants* par Mme J. Colomb (4ᵉ série).

Girardin (J.) : *Têtes sages et têtes folles.* 1 vol. avec 9 gravures.

—— *Chacun son idée.* 1 vol. avec 42 gravures.

—— *Un peu partout.* 1 vol. avec 22 gravures.

—— *Contes sans malice.* 1 vol. avec 11 gravures.

—— *Fillettes et garçons.* 1 vol. avec 12 grav.

—— *Récits et menus propos.* 1 vol. avec 12 gravures.

Guy (J.), inspecteur d'Académie : *Histoire d'un instituteur.* 1 vol. avec 13 gravures.

CINQUIÈME SÉRIE, FORMAT PETIT IN-16

20 VOLUMES ILLUSTRÉS DE GRAVURES SONT EN VENTE

PRIX :

Cartonné en papier gaufré, imitation de toile . . . . 80 c.

Gravure extraite de *la Table de grand-père* par Norval (5ᵉ série).

SCIENCE A LA PORTÉE DES ENFANTS

Albert-Lévy : *Le cheval de feu.*
Delon (C.) : *La maison flottante.*
Demoulin (Mme G.) : *Les richesses minérales.*

Demoulin (Mme G.) : *L'eau liquide et l'eau solide.*
—— *Le chaud et le froid.*
—— *Les bêtes de mon jardin.*
—— *Les bêtes de nos maisons.*
—— *Les bêtes de mon étang.*

Lefebvre (E.), professeur au lycée de Versailles : *Un grain de sel.*
—— *Un morceau de sucre.*
Muller (E.) : *Les voyages de la pensée.* Petite histoire de la télégraphie.
—— *Quelle heure est-il?* Petite histoire de la mesure du temps.
Norval (H.) : *La table de grand-père.* Causeries sur les substances alimentaires.
Vincent (P.) : *A bâtons rompus.*

CONTES ET NOUVELLES

Blessel (O.) : *Les voyages d'un rat.*

Colomb (Mme J.) : *Le sansonnet de Mme Duysens.*
Erwin (Mme E. d') : *Les trois oranges.*
Langlois (Mme H.) : *Marchand de balais !*

OUVRAGES DIVERS

Delon (C.) : *Parmentier et la pomme de terre.*
Dillaye (F.) : *Lignes et filets.* Petits tableaux de la pêche.

SIXIÈME SÉRIE, FORMAT IN-18

70 VOLUMES ILLUSTRÉS DE GRAVURES SONT EN VENTE

PRIX :

Broché, avec couverture de deux couleurs. . . . .   15 c.
Cartonné avec couverture coloriée . . . .   25 c.
Trois ouvrages réunis en un volume cartonné en papier
     gaufré, imitation de toile. . . . .   60 c.

Le choix des ouvrages réunis par trois en un seul volume étant déterminé d'avance par les éditeurs, l'acheteur n'aura pas à s'en occuper.

BIOGRAPHIES D'HOMMES CÉLÈBRES

Albert-Lévy : *Arago.*
—— *Galilée.*
—— *Lavoisier.*
—— *James Watt.*
Chesneau (E.) : *Pierre Puget.*
Clément (F.) : *Beethoven.*
—— *Mozart.*
Colomb (C.) : *Philibert De Lorme.*
—— *Les deux Mansart.*
Corréard (F.) : *Desaix.*
Coutret (J.), professeur au lycée de Pau : *Kléber.*
Debauve (A.) : *Stephenson.*
Delaitre (C.), professeur au lycée Henri IV : *La Fontaine.*
Delerot (E.) : *Gœthe.*
Delon (C.) : *Gutenberg.*
Demoulin (Mme G.) : *Ampère.*
—— *Cuvier.*
—— *Franklin.*
—— *Philippe de Girard.*
—— *Montyon.*
—— *Oberlin.*
Fraitot (V.) : *Olivier de Serres.*
Gebhardt, professeur à la Faculté des lettres de Paris : *Dante.*

Girardin (J.) : *Necker.*
Ideville (Le comte d') : *Cavour.*
Lehugeur (P.), professeur au lycée Charlemagne : *Charles XII.*
—— *Louvois.*
—— *Mahomet.*
Lemonnier (H.), professeur au lycée Louis-le-Grand : *Michel-Ange.*
Lesbazeilles, professeur au lycée de Versailles : *Buffon.*
Lindenlaub : *Mirabeau.*
Mario-Proth : *Jean Goujon.*
Ménault (E.) : *Daubenton.*
Moireau (A.) : *Washington.*
Muller (E.) : *Bernard Palissy.*
—— *Denis Papin.*
Van den Berg : *Alexandre le Grand.*
—— *Jules César.*
—— *Napoléon Ier.*
Vattemare : *Christophe Colomb.*
—— *Cook.*
—— *Vasco de Gama.*
—— *La Pérouse.*
—— *Livingstone.*
—— *Magellan.*
Zeller (B.), professeur à la Faculté des lettres de Paris : *Solon.*

CONTES POUR LES TOUT PETITS

Colomb (C.) : *Le caniche blanc.*
Colomb (Mme J.) : *Entre oiseaux.*
—— *La famille de Friquet.*

Colomb (Mme J.) : *Aventures de Trottino.*
—— *Le prix de Gisèle.*
—— *La trouvaille de Jeannette.*
Defodon (C.) : *Claude le lourdaud.*
—— *Une lettre de Jean-Paul.*
—— *Regardez, mais n'y touchez pas.*

Gravure extraite de *Claude le lourdaud* par C. Defodon (6e série).

Delon (C.) : *Idylles enfantines.*
—— *Historiettes.*
Girardin (J.) : *La vocation de Paul Violet.*
—— *Mon oncle et moi.*
—— *Le rêve de Françoise.*
—— *Comme Don Quichotte.*
Greene : *La jacquette déchirée.*

Kergomard (Mme P.) : *Une brouille de peu de durée.*
Masson (J.) : *Aventures de l'ânon Baudinet.*
—— *Le rêve de Noël.*
—— *Une vengeance de Jeannot Lapin.*
Souriau (P.) : *Les exploits de Jean Bart.*
—— *Les deux brigands.*
—— *La mouche. — L'oiseau bleu.*
—— *Les mauvais conseils.*

II

LITTÉRATURE POPULAIRE

91 VOLUMES IN-16

La plupart de ces volumes contiennent des gravures et des cartes.

PRIX :

Cartonné en papier gaufré, imitation de toile. . . . . . . 1 fr. 50
Cartonné en percaline gaufrée, tranches jaspées. . . . . 1 fr. 75
Relié en demi-chagrin, tranches jaspées. . . . . 2 fr. 75

HISTOIRE ET BIOGRAPHIES

Badin (A.) : *Duguay-Trouin ; Jean Bart.*

Bernard (F.) : *Vie d'Oberlin.*

Bonnechose (E. de) : *Bertrand du Guesclin.*

—— *Lazare Hoche*, général en chef des armées de la République.

Corne (H.) : *Le cardinal Mazarin.*

—— *Le cardinal de Richelieu.*

Duval (J.) : *Notre pays.*

Ernouf (le baron) : *Histoire de trois ouvriers français* (Richard Lenoir, Bréguet, Brézin).

—— *Deux inventeurs célèbres* (Philippe de Girard, Jacquard).

—— *Denis Papin*, sa vie et son œuvre.

—— *Les inventeurs du gaz et de la photographie* (Lebon d'Humbersin, Niepce, Daguerre).

—— *Pierre Latour du Moulin.*

—— *Histoire de quatre inventeurs français au XIX° siècle* (Sauvage, Heilmann, Thimonnier, Giffard).

Hauréau (B.), de l'Institut : *Charlemagne et sa cour.*

—— *François Ier et sa cour.*

Joinville (Sire de) : *Histoire de saint Louis*, texte rapproché du français moderne, par Natalis de Wailly, de l'Institut.

Jonveaux (E.) : *Histoire de quatre ouvriers anglais* (Maudslay, Stephenson, W. Faidbairn, J. Kasmyth).

—— *Histoire de trois potiers célèbres* (Bernard Palissy, J. Wedgwood, F. Böttger).

Jouault (A.) : *Abraham Lincoln*, sa jeunesse et sa vie politique.

—— *George Washington.*

Labouchère (A.) : *Oberkampf* (1738-1815).

Lacombe (P.) : *Petite histoire du peuple français.*

Le Loyal Serviteur : *Histoire du gentil seigneur de Bayard*, revue par Alph. Feillet.

Lescure (de) : *Vie de Henri IV.*

Rambaud, professeur à la Faculté des lettres de Paris : *Histoire de la Révolution française* (1789-1799).

VOYAGES

Agassiz (M. et Mme) : *Voyage au Brésil.*

Aunet (Mme d') : *Voyage d'une femme au Spitzberg.*

Baines (Th.) : *Voyage dans le sud-ouest de l'Afrique.*

Baker (S. W.) : *Le lac Albert* ; nouveau voyage aux sources du Nil.

Baldwin (W. C.) : *Du Natal au Zambèze* (1851-1866), récits de chasse.

Burton (le capitaine) : *Voyages à la Mecque, aux grands lacs d'Afrique et chez les Mormons.*

Fonvielle (W. de) : *Le Glaçon du Polaris*, aventures du capitaine Tyson.

Hayes (D^r) : *La mer libre du pôle.*
Ouvrage couronné par la Société pour l'instruction élémentaire.

Lanoye (Fr. de) : *Le Nil, son bassin et ses sources.*

Livingstone : *Explorations dans l'Afrique australe et dans le bassin du Zambèze*, depuis 1840 jusqu'à 1864.

—— *Dernier journal.*

Mage (E.) : *Voyage dans le Soudan occidental.*

Milton et Cheadle : *Voyage de l'Atlantique au Pacifique, à travers les montagnes Rocheuses.*

Mouhot (H.) : *Voyage dans les royaumes de Siam, de Cambodge et de Laos.*

Palgrave (W.) : *Une année dans l'Arabie centrale.*

Pfeiffer (Mme) : *Voyages autour du monde.*

Schweinfurth (D^r) : *Au cœur de l'Afrique.*

Speke (le capitaine) : *Les sources du Nil.*
Stanley : *Comment j'ai retrouvé Livingstone.*
Vambéry : *Voyages d'un faux derviche dans l'Asie centrale.*

LITTÉRATURE

Corneille (Pierre) : *Chefs-d'œuvre.*
Homère : *Les beautés de l'Iliade et de l'Odyssée.*
La Fontaine : *Fables.*
Molière : *Chefs-d'œuvre.* 2 vol.
Racine : *Chefs-d'œuvre.* 2 vol.
Shakespeare : *Chefs-d'œuvre.* 3 vol.

CONTES ET NOUVELLES

Carraud (Mme Z.) : *Une servante d'autrefois.*
Charton (E.), de l'Institut : *Histoires de trois enfants pauvres* (un Français, un Anglais, un Allemand).

SCIENCE VULGARISÉE

Flammarion : *Petite astronomie descriptive.*
Guillemin (A) : *La lune.*
  Ouvrage couronné par la Société pour l'instruction élémentaire.
—— *Le soleil.*
—— *Les étoiles.*
—— *Les nébuleuses.*
—— *La lumière et les couleurs.*
—— *Le son*, notions d'acoustique physique et musicale.
Meunier (Mme H.) : *Le docteur au village.* 2 vol. qui se vendent séparément :
  Entretiens familiers sur l'hygiène. 1 vol.
  Entretiens familiers sur la botanique. 1 vol.
Muller (E.) : *La machine à vapeur*, son histoire et son rôle.
Reclus (E.) : *Les phénomènes terrestres.* 2 vol. qui se vendent séparément :
  Les continents. 1 vol.
  Les mers et les météores. 1 vol.
  Ouvrage couronné par la Société pour l'instruction élémentaire.
Rendu (V.) : *Mœurs pittoresques des insectes.*
  Ouvrage couronné par la Société pour l'instruction élémentaire.

INDUSTRIE

Deherrypon : *La boutique de la marchande de poissons.*
—— *La boutique du charbonnier.*

Muller (E.) : *La boutique du marchand de nouveautés.*

AGRICULTURE

Calemard de la Fayette : *Peau-de-bique*, ou la prime d'honneur.
—— *L'agriculture progressive.*
Rendu (V.) : *Principes d'agriculture.* 2 vol. qui se vendent séparément :
  Culture du sol. 1 vol.
  Culture des plantes. 1 vol.

ÉCONOMIE POLITIQUE

Carraud (Mme Z.) : *Les veillées de maître Patrigeon*, entretiens familiers sur le travail, la propriété, la richesse, l'agriculture, la famille.
  Ouvrage couronné par l'Académie française.
Passy (Fr.), de l'Institut : *Les machines et leur influence sur le développement de l'humanité.*

MORALE

Barrau (Th.) : *Conseils aux ouvriers* sur les moyens d'améliorer leur condition.
  Ouvrage couronné par l'Académie française.
Franck (A.), de l'Institut : *Morale pour tous.*
Franklin (B.) : *Essais de morale*, traduits de l'anglais par Ed. Laboulaye.
Gœpp et Ducoudray : *Le patriotisme en France.*

OUVRAGES DIVERS

Fonvielle (W. de) : *Les drames de la science : la pose du premier câble.*
Franklin (B.) : *Correspondance*, traduite de l'anglais par Ed. Laboulaye. 3 vol.
—— *Mémoires*, traduits par le même.
Piotrowski (R.) : *Souvenirs d'un Sibérien.*
  Ouvrage couronné par la Société pour l'instruction élémentaire.
Poirson : *Guide-manuel de l'orphéoniste.*

III

PETITE BIBLIOTHÈQUE ILLUSTRÉE

46 VOLUMES PETIT IN-16

PRIX :

Cartonné en papier gaufré, imitation de toile. . . . . . . 70 c.
Cartonné en percaline gaufrée, tranches jaspées. . . . . . 90 c.

Delon (Ch.) : *Le fer, la fonte et l'acier.*
—— *Le cuivre et le bronze.*
—— *Mines et carrières.*
—— *Le sol : roches et minerais.*
Devic (M.) : *Petite physique.*
Girard (M.) : *Le phylloxera de la vigne.*
Lacombe : *Petite histoire d'Angleterre.* 2 vol.
—— *L'Angleterre.*
Lee Childe (Mme) : *Le général Lee.*
Ménault (E.) : *Les ouvriers de la ferme.* 2 vol.
qui se vendent séparément.
> *Le berger.* 1 vol.
> *Le vacher et le bouvier.* 1 vol.
—— *Les engrais.*
Rendu (V.) : *Petit traité de culture maraîchère.*
—— *La basse-cour.*
—— *Les abeilles.*
Riant (Dr) : *Le café, le chocolat et le thé.*
—— *L'alcool et le tabac.*
Saffray (Dr) : *Les remèdes des champs : herborisations pratiques.* 2 vol.
—— *La physique des champs.*
—— *La chimie des champs.*
—— *Les moyens de vivre longtemps :* principes d'hygiène.
—— *La médecine à la maison.*

Saffray (Dr) : *Histoire de la terre.*
—— *Histoire de l'homme.*

Zeller (B.), maître de conférences à la Faculté des lettres de Paris, et ses collaborateurs : *L'Histoire de France racontée par les contemporains :*
> *La Gaule et les Gaulois.*
> *La Gaule romaine.*
> *La Gaule chrétienne.*
> *Les invasions barbares en Gaule.*
> *Les Francs Mérovingiens : Clovis et ses fils.*
> *Les fils de Clotaire : Frédégonde et Brunehaut.*
> *Rois fainéants et Maires du palais.*
> *Charlemagne,* par MM. B. Zeller et Darsy.
> *La succession de Charlemagne : Louis le Pieux.*
> *La succession de Charlemagne : Charles le Chauve.*
> *Les derniers Carolingiens,* par MM. B. Zeller et Bayet.
> *Les premiers Capétiens,* par MM. B. Zeller et A. Luchaire.
> *Les Capétiens du xiie siècle : Louis VI et Louis VII,* par les mêmes.
> *Philippe Auguste et Louis VIII : la royauté conquérante,* par les mêmes.
> *Saint Louis.*
> *Philippe le Hardi.*
> *L'Empire français d'Orient ; la IVe croisade.*
> *Philippe le Bel.*
> *Philippe VI et Robert d'Artois.*
> *La guerre de Cent Ans ; Jean le Bon.*
> *Le dauphin Charles et la Commune de Paris.*

IV

COLLECTION DE RÉCITS INSTRUCTIFS

POUR L'ENFANCE ET LA JEUNESSE

7 VOLUMES IN-4, ILLUSTRÉS DE TRÈS NOMBREUSES GRAVURES

PRIX :

Cartonné avec couverture imprimée. . . . . 4 fr.
Cartonné en percaline gaufrée, tranches dorées.. . . . . 6 fr.

Albert-Lévy : *Cent tableaux de science pittoresque.* 1 vol. avec 100 gravures.
Cortambert : *Le globe illustré.* 1 vol. avec 130 gravures.
—— *Cent tableaux de géographie pittoresque.* 1 vol. avec 234 gravures.
Delon : *Cent récits d'histoire naturelle.* 1 vol. avec 150 gravures.

—— *A travers nos campagnes,* histoire des animaux et des plantes de notre pays. 1 vol. avec 100 gravures.

Ducoudray : *Cent récits d'histoire de France.* 1 vol. avec 100 gravures.
—— *Cent récits d'histoire contemporaine.* 1 vol. avec 100 gravures.

V

BIBLIOTHÈQUE DES PETITS ENFANTS
DE 4 A 8 ANS

15 VOLUMES IN-16, ILLUSTRÉS DE NOMBREUSES GRAVURES
Ces volumes sont imprimés en gros caractères.

PRIX :

Cartonné en percaline de couleurs variées, tranches jaspées. 2 fr. 75
Cartonné en percaline bleue, tranches dorées.. . . . . . . 3 fr. 50

Chéron de la Bruyère (Mme): *Contes à Pépée.*
Colomb (Mme J.): *Les infortunes de Chouchou.*
Duporteau (Mme) : *Petits récits.*
Erwin (Mme E. d') : *Un été à la campagne.*
Franck (Mme E.): *Causeries d'une grand'mère.*
Fresneau (Mme), née de Ségur : *Une année du petit Joseph.*
Girardin (J.) : *Quand j'étais petit garçon.*
Molesworth (Mrs.): *Les aventures de M. Baby.*

Pape-Carpantier (Mme) : *Nouvelles histoires et leçons de choses pour les enfants.*
Surville (A.) : *Les grandes vacances.*
Witt (Mme de), née Guizot : *Histoire de deux petits frères.*
—— *Sur la plage.*
—— *Par monts et par vaux.*
—— *Vieux amis.*
—— *En pleins champs.*

VI

BIBLIOTHÈQUE ROSE ILLUSTRÉE
POUR LES ENFANTS ET LES ADOLESCENTS

212 VOLUMES IN-16 CONTENANT DE NOMBREUSES GRAVURES

PRIX :

Cartonné en percaline de couleurs variées, tranches jaspées. 2 fr. 75
Cartonné en percaline rouge, tranches dorées. . . . . . 3 fr. 50
Relié en demi-chagrin, tranches jaspées. . . . . 3 fr. 75

PREMIÈRE SÉRIE, POUR LES ENFANTS DE 4 A 8 ANS

Anonyme : *Chien et chat.*
—— *Douze histoires pour les enfants.*
—— *Les enfants d'aujourd'hui.*
Carraud (Mme) : *Historiettes véritables.*
Fath (G.) : *La sagesse des enfants.*
Laroque (Mme) : *Grands et petits.*
Marcel (Mme J.) : *Histoire d'un cheval de bois.*

Pape-Carpantier (Mme) : *Histoires et leçons de choses pour les enfants.*
Perrault, Mmes d'Aulnoy et Leprince de Beaumont : *Contes de fées.*
Porchat (L.) : *Contes merveilleux.*
Schmid : *190 contes pour les enfants.*
Ségur (Mme de) : *Nouveaux contes de fées.*

DEUXIÈME SÉRIE, POUR LES ENFANTS DE 8 A 14 ANS

Achard (A.) : *Histoire de mes amis.*
Alcott (Miss) : *Sous les lilas.*
Andersen : *Contes choisis.*
Anonyme : *Les fêtes d'enfants.*
Assolant (A.) : *Corcoran.* 2 vol.
Barrau (Th.) : *Amour filial.*
Bawr (Mme de) : *Nouveaux contes.*
Beleze : *Jeux des adolescents.*
Berquin : *Choix de petits drames et de contes.*
Berthet (E.) : *L'enfant des bois.*
Blanchère (de la) : *Les aventures de la Ramée.*
—— *Oncle Tobie le pêcheur.*
Boiteau (P.) : *Légendes pour les enfants.*
Carpentier (Mlle) : *La maison du bon Dieu*
—— *Sauvons-le !*
—— *La maison fermée.*
Carraud (Mme) : *La petite Jeanne.*
—— *Les métamorphoses d'une goutte d'eau.*
—— *Les goûters de la grand'mère.*
Castillon (A.) : *Les récréations physiques.*
—— *Les récréations chimiques.*
Cazin (Mme) : *Les petits montagnards.*
—— *Un drame dans la montagne.*
—— *Histoire d'un pauvre petit.*
Chabreul (Mme de) : *Jeux et exercices des
jeunes filles,* avec la musique des rondes.
Colet (Mme L.) : *Enfances célèbres.*
Contes allemands, traduits par Martin.
Contes anglais, traduits par Mme de Witt.
Deslys (Ch.) : *Grand'maman.*
Edgeworth (Miss) : *Contes de l'adolescence.*
—— *Contes de l'adolescence.*
—— *Demain,* suivi de *Mourad le malheureux.*
Fénelon : *Fables.*
Fleuriot (Mlle Z.) : *Le petit chef de famille.*
—— *Plus tard,* ou le jeune chef de famille.
—— *En congé.*
—— *Bigarette.*
—— *Un enfant gâté.*
—— *Tranquille et Tourbillon.*
—— *Cadette.*
—— *Bouche-en-Cœur.*
Foë (de) : *Robinson Crusoé.*
Fonvielle (W. de) : *Néridah.* 2 vol.
Genlis (Mme de) : *Contes moraux.*
Gérard (A.) : *Petite Rose. — Grande Jeanne.*
Girardin (J) : *La disparition du grand Krause.*
Giron (A.) : *Ces pauvres petits !*
Gouraud (Mlle J.) : *Les enfants de la ferme.*
—— *Le livre de maman.*

Gouraud (Mlle J.) : *Cécile,* ou la petite sœur.
—— *Lettres de deux poupées.*
—— *Le petit colporteur.*
—— *Les mémoires d'un petit garçon.*
—— *Les mémoires d'un caniche.*
—— *L'enfant du guide.*
—— *Petite et grande.*
—— *Les quatre pièces d'or.*
—— *Les deux enfants de Saint-Domingue.*
—— *La petite maîtresse de maison.*
—— *Les filles du professeur.*
—— *La famille Harel.*
—— *Aller et retour.*
—— *Les petits voisins.*
—— *Chez grand'mère.*
—— *Le petit bonhomme.*
—— *Le vieux château.*
—— *Pierrot.*
Grimm (les frères) : *Contes choisis.*
Hauff : *La caravane.*
—— *L'auberge du Spessart.*
Hawthorne : *Le livre des merveilles.* 2 vol.
Johnson : *Dans l'extrême Far West.*
Marcel (Mme J.) : *L'école buissonnière.*
—— *Le bon frère.*
—— *Les petits vagabonds.*
—— *Histoire d'une grand'mère.*
—— *Daniel.*
—— *Le frère et la sœur.*
—— *Un bon gros pataud.*
Maréchal (Mlle) : *La dette de Ben-Aïssa.*
—— *Nos petits camarades.*
—— *La maison modèle.*
Marmier : *L'arbre de Noël.*
Martignat (Mlle de) : *Les vacances d'Élisabeth.*
—— *L'oncle Boni.*
—— *Ginette.*
—— *Le manoir d'Yolan.*
—— *Le pupille du général.*
—— *L'héritière de Maurivèze.*
—— *Une vaillante enfant.*
Mayne-Reid : *Les chasseurs de girafes.*
—— *A fond de cale.*
—— *A la mer !*
—— *Bruin,* ou les chasseurs d'ours.
—— *Les chasseurs de plantes.*
—— *Les exilés dans la forêt.*
—— *Les grimpeurs de rochers.*
—— *Les peuples étranges.*
—— *Les vacances des jeunes Boërs.*
—— *Les veillées de chasse.*
—— *L'habitation du désert.*
—— *La chasse au Léviathan.*

Gravure extraite des *Deux enfants de Saint-Domingue* par Mlle Julie Gouraud.

Ségur (Mme de) : *Les bons enfants.*
—— *Les deux nigauds.*
—— *Les malheurs de Sophie.*
—— *Les petites filles modèles.*
—— *Les vacances.*
—— *Mémoires d'un âne.*
—— *Pauvre Blaise.*
—— *Quel amour d'enfant !*
—— *Un bon petit diable.*

Stolz (Mme de) : *La maison roulante.*
—— *Le trésor de Nanette.*
—— *Blanche et noire.*
—— *Par-dessus la haie.*
—— *Les poches de mon oncle.*
—— *Les vacances d'un grand-père.*
—— *Quatorze jours de bonheur.*

Stolz (Mme de) : *Le vieux de la forêt.*
—— *Le secret de Laurent.*
—— *Les deux reines.*
—— *Les mésaventures de Mlle Thérèse.*
—— *Les frères de lait.*
—— *Magali.*
—— *La maison blanche.*
—— *Les deux André.*
Swift : *Voyages de Gulliver.*
Taulier (J.) : *Les deux petits Robinsons de la Grande-Chartreuse.*
Tournier : *Les premiers chants.*
Vimont (Ch.) : *Histoire d'un navire.*
Witt (Mme de) : *Enfants et parents.*
—— *La petite-fille aux grand'mères.*
—— *En quarantaine.*

TROISIÈME SÉRIE, POUR LES ADOLESCENTS

VOYAGES

Agassiz (M. et Mme) : *Voyage au Brésil.*
Aunet (Mme d') : *Voyage d'une femme au Spitzberg.*
Baines : *Voyages dans le sud-ouest de l'Afrique.*
Baker : *Le lac Albert.*
Baldwin : *Du Natal au Zambèze* (1851-1866).
Burton : *Voyages à la Mecque, aux grands lacs d'Afrique et chez les Mormons.*
Catlin : *La vie des Indiens.*
Fonvielle (W. de) : *Le Glaçon du Polaris.*
Hayes (Dr) : *La mer libre du pôle.*
Hervé et de Lanoye : *Voyage dans les glaces du pôle Arctique.*
Lanoye (F. de) : *Le Nil et ses sources.*
—— *Ramsès le Grand, ou l'Egypte il y a trois mille trois cents ans.*
—— *La Sibérie.*
—— *Les grandes scènes de la nature.*
—— *La mer polaire.*
Livingstone : *Explorations dans l'Afrique australe.*
—— *Dernier journal.*
Mage (L.) : *Voyage dans le Soudan occidental.*
Milton et **Cheadle** : *Voyage de l'Atlantique au Pacifique.*
Mouhot (C.) : *Voyage dans les royaumes de Siam, de Cambodge et de Laos.*
Palgrave (W. G.) : *Une année dans l'Arabie centrale.*
Pfeiffer (Mme) : *Voyages autour du monde.*

Piotrowski : *Souvenirs d'un Sibérien.*
Schweinfurth (Dr) : *Au cœur de l'Afrique.*
Speke : *Les sources du Nil.*
Stanley : *Comment j'ai retrouvé Livingstone.*
Vambéry : *Voyages d'un faux derviche dans l'Asie centrale.*

HISTOIRE

Le Loyal Serviteur : *Histoire du gentil seigneur de Bayard.*
Monnier (M.) : *Pompéi et les Pompéiens.*
Plutarque : *Vies des Grecs illustres.*
—— *Vies des Romains illustres.*
Retz (de) : *Mémoires, abrégés par Feillet.*

LITTÉRATURE

Bernardin de Saint-Pierre : *Œuvres choisies.*
Cervantès : *Don Quichotte de la Manche.*
Homère : *L'Iliade et l'Odyssée,* abrégées par A. Feillet.
Le Sage : *Aventures de Gil Blas,* édition à l'usage de l'adolescence.
Mac-Intosch (Miss) : *Contes américains.* 2 vol.
Maistre (X. de) : *Œuvres choisies.*
Molière : *Œuvres choisies,* abrégées à l'usage de la jeunesse. 2 vol.
Virgile : *Œuvres choisies,* traduites et abrégées à l'usage de la jeunesse.

VII

BIBLIOTHÈQUE DES MERVEILLES
PUBLIÉE SOUS LA DIRECTION DE M. ÉDOUARD CHARTON

106 VOLUMES IN-16, ILLUSTRÉS DE NOMBREUSES GRAVURES

PRIX :

Cartonné en percaline de couleurs variées, tranches jaspées. 2 fr. 75
Cartonné en percaline bleue, tranches rouges. . . . . . . 3 fr. 50
Relié en demi-chagrin, tranches jaspées . . . . 3 fr. 75

Gravure extraite des *Volcans et tremblements de terre* par Zurcher et Margolle.

André (E.) : *Les fourmis.*
Augé (L.) : *Voyage aux sept merveilles du monde.*
—— *Les tombeaux.*
Badin (A.) : *Grottes et cavernes.*
Baille (J.) : *Les merveilles de l'électricité.*
Bernard (F.) : *Les évasions célèbres.*
—— *Les fêtes célèbres de l'antiquité, du moyen âge et des temps modernes.*
Bocquillon (H.) : *La vie des plantes.*
Bouant (E.) : *Les grands froids.*
—— *Les merveilles du feu.*

Brévans (A. de) : *La migration des oiseaux.*
Castel (A.) : *Les tapisseries.*
Cazin (A.) : *La chaleur.*
—— *Les forces physiques.*
—— *L'étincelle électrique.*
Collignon (E.) : *Les machines.*
Colomb (C.) : *La musique.*
Deharme : *Les merveilles de la locomotion.*
Deherrypon : *Les merveilles de la chimie.*
Deleveau (P.) : *La matière et ses transformations.*

Depping (G.) : *Les merveilles de la force et de l'adresse.*
Dieulafait : *Diamants et pierres précieuses.*
Du Moncel : *Le téléphone.*
—— *Le microphone, le radiophone et le phonographe.*
—— *L'éclairage électrique, 1re partie : Appareils de lumière.*
—— *L'éclairage électrique, 2e partie : Les lampes.*
Du Moncel et **Geraldy** : *L'électricité comme force motrice.*
Duplessis (G.) : *Les merveilles de la gravure.*
Flammarion (C.) : *Les merveilles célestes.*
Fonvielle (W. de) : *Les merveilles du monde invisible.*
—— *Éclairs et tonnerres.*
Garnier (E.) : *Les nains et les géants.*
Garnier (J.) : *Le fer.*
Gazeau (A.) : *Les bouffons.*
Girard (J.) : *Les plantes étudiées au microscope.*
Girard (M.) : *Les métamorphoses des insectes.*
Graffigny (de) : *Les moteurs.*
Guillemin (A.) : *Les chemins de fer. 2 vol.*
—— *La vapeur.*
Hanotaux : *Les villes retrouvées.*
Hélène (M.) : *Les galeries souterraines.*
—— *La poudre à canon et les nouveaux corps explosifs.*
Hennebert (Le lieut.-colonel) : *Les torpilles.*
Jacquemart (A.) : *Les merveilles de la céramique. 3 vol. qui se vendent séparément.*
Joly (H.) : *L'imagination.*
Lacombe (P.) : *Les armes et les armures.*
—— *Le patriotisme.*
Landrin (A.) : *Les plages de la France.*
—— *Les monstres marins.*
—— *Les inondations.*
Lanoye (F. de) : *L'homme sauvage.*
Lasteyrie (F. de) : *L'orfèvrerie.*
Lefebvre E.) : *Le sel.*
Lefèvre (A.) : *Les merveilles de l'architecture.*
—— *Les parcs et les jardins.*
Le Pileur (Dr) : *Les merveilles du corps humain.*
Lesbazeilles (E.) : *Les colosses.*
—— *Les merveilles du monde polaire.*
—— *Les forêts.*
Lévêque : *Les harmonies providentielles.*

Marion (F.) : *L'optique.*
—— *Les ballons et les voyages aériens.*
—— *Les merveilles de la végétation.*
Marzy (F.) : *L'hydraulique.*
Masson (M.) : *Le dévouement.*
Menault (E.) : *L'intelligence des animaux.*
—— *L'amour maternel chez les animaux.*
Meunier (Mme S.) : *L'écorce terrestre.*
Meunier (V.) : *Les grandes chasses.*
—— *Les grandes pêches.*
Millet : *Les merveilles des fleuves et des ruisseaux.*
Moitessier : *L'air.*
—— *La lumière.*
Moynet (G.) : *L'envers du théâtre,* machines et les décorations.
Narjoux (F.) : *Histoire d'un pont.*
Petit (M.) : *Les sièges célèbres.*
—— *Les grands incendies.*
—— *Le courage civique.*
Radau (R.) : *L'acoustique.*
—— *Le magnétisme.*
Renard (L.) : *Les phares.*
—— *L'art naval.*
Renaud (A.) : *L'héroïsme.*
Reynaud (J.) : *Histoire élémentaire des minéraux usuels.*
Roy (J.) : *L'an mille.* Formation de la légende de l'an mille.
Sauzay (A.) : *La verrerie.*
Simonin (L.) : *Les merveilles du monde souterrain.*
—— *L'or et l'argent.*
Sonrel (L.) : *Le fond de la mer.*
Ternant (A.) : *Les télégraphes.*
Tissandier (G.) : *L'eau.*
—— *La houille.*
—— *La photographie.*
—— *Les fossiles.*
Viardot (L.) : *Les merveilles de la peinture,* 2 vol.
—— *Les merveilles de la sculpture.*
Zurcher et **Margollé** : *Les ascensions célèbres aux plus hautes montagnes du globe.*
—— *Les glaciers.*
—— *Les météores.*
—— *Volcans et tremblements de terre.*
—— *Les naufrages célèbres.*
—— *Trombes et cyclones.*
—— *L'énergie morale. Beaux exemples.*

VIII

NOUVELLE COLLECTION

POUR LA JEUNESSE ET L'ENFANCE

78 VOLUMES IN-8, ILLUSTRÉS DE NOMBREUSES GRAVURES

PRIX :

Relié en demi-chagrin, tranches jaspées. . . . . 7 fr. 50
Cartonné en percaline rouge, tranches dorées . . . . . 8 fr. »

Assollant (A.) : *Montluc le Rouge.* 2 vol.
—— *Pendragon.*
Auerbach : *La fille aux pieds nus.*
Baker (S. W.) : *L'enfant du naufrage.*
Cahun (L.) : *Les pilotes d'Anyo.*
—— *Les mercenaires.*
Colomb (Mme) : *Le violoneux de la Sapinière.*
—— *La fille de Carilès.*
Ouvrage couronné par l'Académie française.
—— *Deux mères.*
— - *Le bonheur de Françoise.*
—— *Chloris et Jeanneton.*
—— *L'héritière de Vauclain.*
—— *Franchise.*
—— *Feu de paille.*
—— *Les étapes de Madeleine.*
—— *Denis le tyran.*
—— *Pour la muse.*
—— *Pour la patrie.*
Cortambert (R.) : *Voyage pittoresque à travers le monde.*
—— *Mœurs et caractères des peuples.* 2 vol.
Cortambert et **Deslys** : *Le pays du soleil.*
Daudet (E.) : *Robert Darnetal.*
Demoulin (Mme) : *Les animaux étranges.*
—— *Les gens de bien.*
Deslys (C.) : *Courage et dévouement.*
—— *L'ami François.*
—— *Nos Alpes.*
—— *La mère aux chats.*
Énault (L.) : *Le chien du capitaine.*
Erwin (Mme E. d') : *Heur et malheur.*
Fath (G.) : *Le Paris des enfants.*
Fleuriot (Mlle Z.) : *Monsieur Nostradamus.*
—— *La petite duchesse.*
—— *Grandcœur.*
—— *Raoul Daubry, chef de famille.*
—— *Mandarine.*
—— *Cadok.*
—— *Caline.*
—— *Feu et flamme.*
Girardin (J.) : *Les braves gens.*
Ouvrage couronné par l'Académie française.

Girardin (J.) : *Nous autres!*
—— *Fausse route.*
—— *La toute petite.*
—— *L'oncle Placide.*
—— *Le neveu de l'oncle Placide,* 1re partie : A la recherche de l'héritier.
—— *Le neveu de l'oncle Placide,* 2e partie : A la recherche de l'héritage.
—— *Le neveu de l'oncle Placide,* 3e partie : L'héritage du vieux Cob.
—— *Grand-père.*
Ouvrage couronné par l'Académie française.
—— *Maman.*
—— *Le roman d'un cancre.*
—— *Les millions de la tante Zézé.*
—— *La famille Gaudry.*
Gouraud (Mlle J.) : *Cousine Marie.*
Hayes (Dr) : *Perdus dans les glaces.*
Henty (G.) : *Les jeunes francs-tireurs.*
Kingston (W.) : *Une croisière autour du monde.*
Paulian (L.) : *La hotte du chiffonnier.*
Rousselet (L.) : *Le charmeur de serpents.*
—— *Les deux mousses.*
—— *Le fils du connétable.*
—— *Le tambour du Royal-Auvergne.*
—— *La peau du tigre.*
Saintine (X.) : *La nature et ses trois règnes.*
—— *La mythologie du Rhin.*
Stanley (H.) : *La terre de servitude.*
Tissot et **Améro** : *Aventures de trois fugitifs en Sibérie.*
Tom Brown. *Scènes de la vie de collège en Angleterre.*
Witt (Mme de), née Guizot : *Scènes historiques,* 1re série.
—— *Scènes historiques,* 2e série.
—— *Lutin et démon.*
—— *Normands et Normandes.*
—— *Un jardin suspendu.*
—— *Une sœur.*
—— *Légendes et récits pour la jeunesse.*
—— *Un nid.*

A LA MÊME LIBRAIRIE

CAHIERS DE CONCOURS DE 12 PAGES

154.	CAHIER couronne in-4, avec vignettes de couleur.	Le cent.	18 fr.	75
157.	— pot in-4,	— papier gaufré.	—	18 fr.	75
158.	— couronne in-4,	— —	—	21 fr.	50
155.	— —	— avec vignettes dorées. . .	—	22 fr.	»
159.	— coquille in-4,	— papier gaufré.	—	24 fr.	»
152.	— carré in-4,	— de couleur.	—	28 fr.	»
153.	— —	— dorées..	—	34 fr.	»

PIÈCES D'ÉCRITURE ET ENCADREMENTS

MODÈLES DE PIÈCES D'ÉCRITURE CURSIVE en gros, en moyen et en fin, pour les distributions de prix, par M. Werdet. Chaque feuille, contenant quatre modèles in-4.   15 c.

ENCADREMENTS tracés à main levée, propres à recevoir des pièces d'écriture pour les distributions de prix, demi-feuille grand raisin, imprimée en couleur. . . 15 c.

Les mêmes, demi-feuille grand raisin, imprimée en or. . . . . 30 c.

CERTIFICATS DE PRIX ET D'ACCESSIT

CERTIFICATS DE PRIX OU D'ACCESSIT, format in-8 et in-16, papier blanc. . Le cent. 1 fr. »
— — — papier de couleur. — 1 fr. 25
LES MÊMES, format in-18, papier blanc. . . . . — » fr. 75
— — — papier de couleur.. . . . . . . — 1 fr. »
CERTIFICATS DE PRIX OU D'ACCESSIT, papier blanc avec joli encadrement de couleur; format in-8 et in-16. . . . . Le cent. 2 fr. »
LES MÊMES, format in-18. . . . . — 1 fr. 50
CERTIFICATS D'ACCESSIT, sur carte blanche, avec encadrement en or, chacun. » 15

AVOIR SOIN D'INDIQUER SI LES CERTIFICATS DEMANDÉS SONT DESTINÉS A UNE INSTITUTION
OU A UNE PENSION DE JEUNES GENS OU DE JEUNES FILLES.

ÉCUSSONS SUR LE PLAT DES VOLUMES

CHAQUE ÉCUSSON, avec une légende spéciale. . . . . » 15
— en cuivre — — . . . . » 10

COURONNES ARTIFICIELLES
POUR LES DISTRIBUTIONS DE PRIX

1.	COURONNES feuilles vertes simples	Le cent.	3 fr.	»
2.	— — de rosier, avec pâquerettes..	—	4 fr.	»
3.	— — de chêne ou de laurier..	—	4 fr.	»
4.	— — de rosier, avec fleurs de couleur.	—	5 fr.	35
5.	— — vertes, avec pâquerettes or ou argent. . .	—	6 fr.	70
6.	— — or ou argent, avec pâquerettes..	—	13 fr.	35
7.	— — vertes mélangées de feuilles d'or ou argent.	—	10 fr.	70
8.	— — de chêne ou laurier, tout or ou tout argent.	la pièce.	»	20

12106. — Imprimerie Générale A. Lahure 9 rue de Fleurus. — Paris.